HELPU DUW
YN HAPUS

STORI TABITHA A'I FFRINDIAU

Gan Angharad Tomos

Darluniau gan Stephanie McFetridge Britt

CYHOEDDIADAU'R
GAIR

13989138

ⓗ Testun gwreiddiol: 1989 Roper Press Inc.
Cyd-argraffiad byd-eang wedi'i drefnu gan
Angus Hudson Ltd. Llundain.
ⓗ Testun Cymraeg: 1996 Cyhoeddiadau'r Gair.
Argraffwyd yn Hong Kong.
Awdur y testun gwreiddiol: Marilyn Lashbrook
Darluniau gan: Stephanie McFetridge Britt
Testun Cymraeg: Angharad Tomos
Dymuna'r cyhoeddwyr gydnabod cymorth
Adran Olygyddol Cyngor Llyfrau Cymru.
Golygydd Cyffredinol: Aled Davies

ISBN 1 85994 085 4

Cyhoeddwyd gan:
Cyhoeddiadau'r Gair, Cyngor Ysgolion Sul Cymru,
Ysgol Addysg, PCB, Ffordd Deiniol,
Bangor, Gwynedd, LL57 2UW.

HELPU DUW
YN HAPUS

STORI TABITHA A'I FFRINDIAU

Gan Angharad Tomos

Darluniau gan Stephanie McFetridge Britt

o Actau 9

Fan hyn, fan draw ac ymhob man, soniai Pedr am Iesu.

Fan hyn, fan draw ac ymhob man deuai pobl i gredu.

Ac un o'r bobl hynny oedd Tabitha. Rhoddodd Duw fywyd newydd i Tabitha . . . a chariad newydd at bobl . . . cafodd dalent newydd i'w defnyddio er ei fwyn Ef.

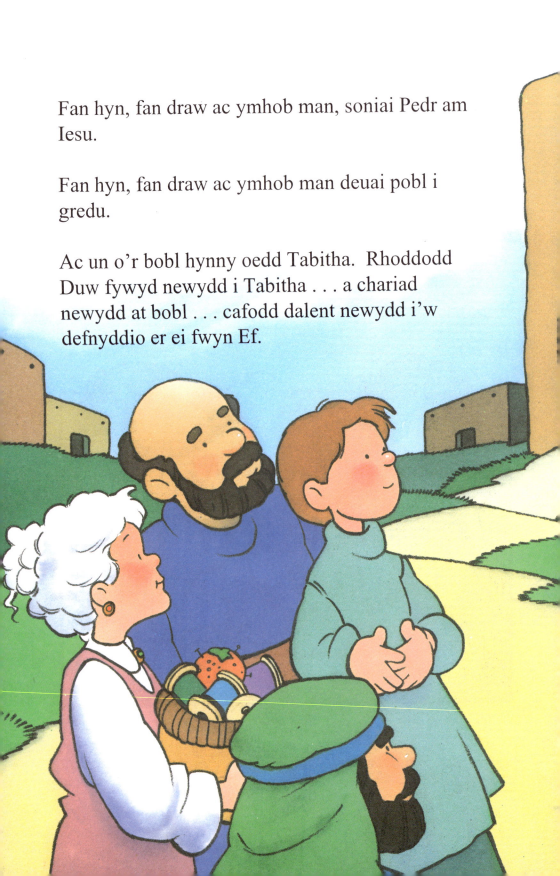

Mae pob math o bobl yn credu yn Iesu, pobl o bob siâp a maint. Mae gan bob un waith arbennig i'w wneud.

Mae rhai yn hoffi gwneud cân, ac eraill yn hoffi gwneud cacen. Fedrwch chi weld yr un sy'n canu yn y llun? Pa un sy'n hoffi pobi? Pa un garech chi fod?

Pa rai sy'n hoffi canu?
Pa rai sy'n hoffi rhannu?
Fyddwch chi yn hoffi canu a rhannu?

Mae rhai yn dysgu pobl ac eraill yn dysgu plant.
P'un hoffech chi ei wneud?

Mae rhai yn gwenu, rhai yn denu a'r lleill yn derbyn. P'un o'r rhai hyn hoffech chi fod - y rhai sy'n dod i'r parti, neu'r rhai sy'n paratoi?

Mae gan bob un sy'n credu waith pendant i'w wneud. Gwaith Tabitha oedd gwnïo dillad a bod yn gyfeillgar. Byddai'n mesur, yn torri ac yn pwytho gan wneud dillad hardd i'r tlodion.

Pan oedd pobl yn wael, Tabitha fyddai'n galw ac yn gofalu.

Ond un dydd, roedd Tabitha ei hun yn wael. Aeth yn wan iawn ac yn y diwedd, bu farw.

Roedd pawb yn drist pan fu Tabitha farw. Roedd wedi dangos ysbryd Duw i lawer iawn o bobl drwy ei gofal a'i chariad.

Cododd y rhai prysur a mynd i chwilio am Pedr.
Arhosodd y rhai eraill ar eu gliniau wrth wely
Tabitha gan weddïo am wyrth.

Pan glywodd Pedr am Tabitha, daeth draw yn syth. Aeth ar ei union i fyny'r grisiau i ystafell Tabitha.

"Edrychwch beth roddodd Tabitha i ni," meddai'r tlodion. "Hi wnaeth y dillad hyn â'i dwylo."

"Ewch i lawr y grisiau," meddai Pedr wrthynt.

Plygodd ar ei liniau a gweddïo. Edrychodd ar y
wraig ar y gwely a dweud, "Tabitha, coda!"

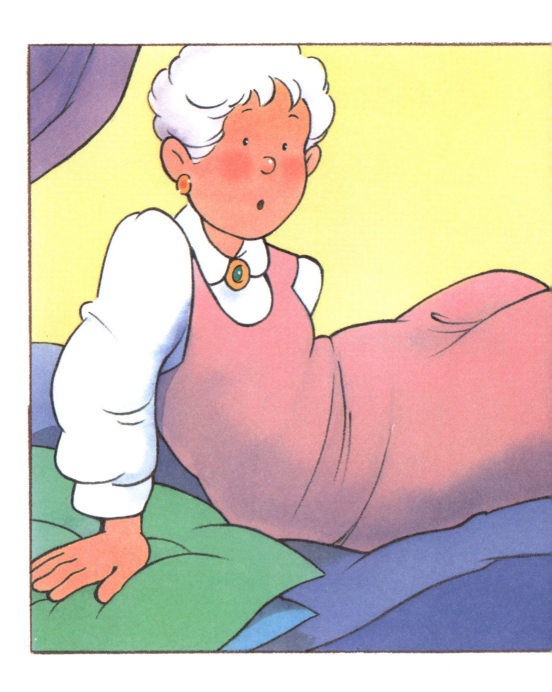

Yn sydyn, agorodd Tabitha ei llygaid a chodi ar ei heistedd. Roedd hi'n fyw! Roedd Duw wedi gwneud gwyrth!

Agorodd Pedr y drws. "Dowch yma," gwaeddodd ar y bobl oedd yn aros lawr grisiau. Heb oedi, daeth pawb i fyny'r grisiau i weld eu hen ffrind annwyl.

Roedd yr ystafell yn llawn o bobl oedd yn moli ac yn gorfoleddu. Roeddent mor falch o weld Tabitha yn fyw. Ac roedd Tabitha hithau'n falch o fod yn fyw fel y gallai helpu eraill.

Aeth y bobl siaradus o gwmpas y dre yn sôn am yr hanes, ac yn fuan roedd pawb yn sôn am y wyrth ryfeddol a wnaeth Duw.

Daeth llawer i gredu yn Iesu.

Yna, roedd mwy nag erioed o rai'n canu a rhannu, rhai'n dysgu pobl, rhai'n dysgu plant, rhai'n gofalu, rhai'n gorfoleddu. Rhoddwyd talent arbennig i bob un i rannu cariad Duw ac i helpu Duw yn hapus.